신기한 스쿨버스

⑬ 꼭꼭 숨어라! 위장 동물 찾기

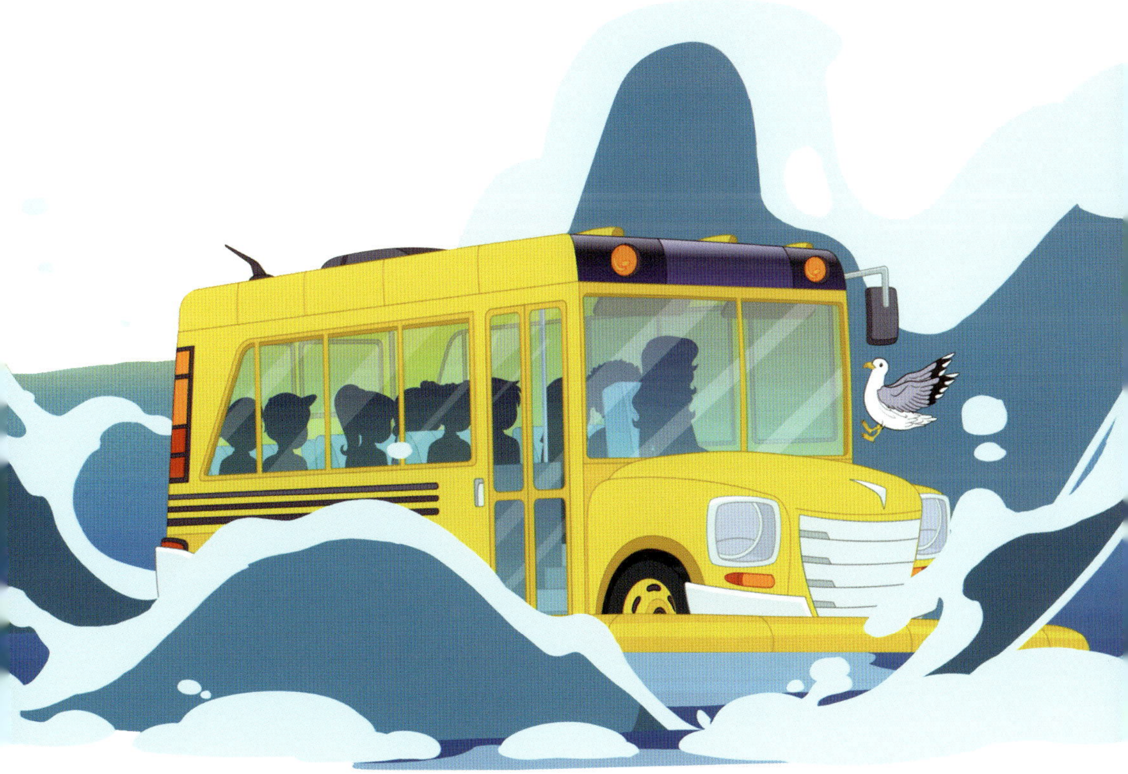

비룡소

신기한 스쿨버스

꼭꼭 숨어라! 위장 동물 찾기

서맨사 브룩 글 · 아트풀 두들러스 그림 | 이한음 옮김

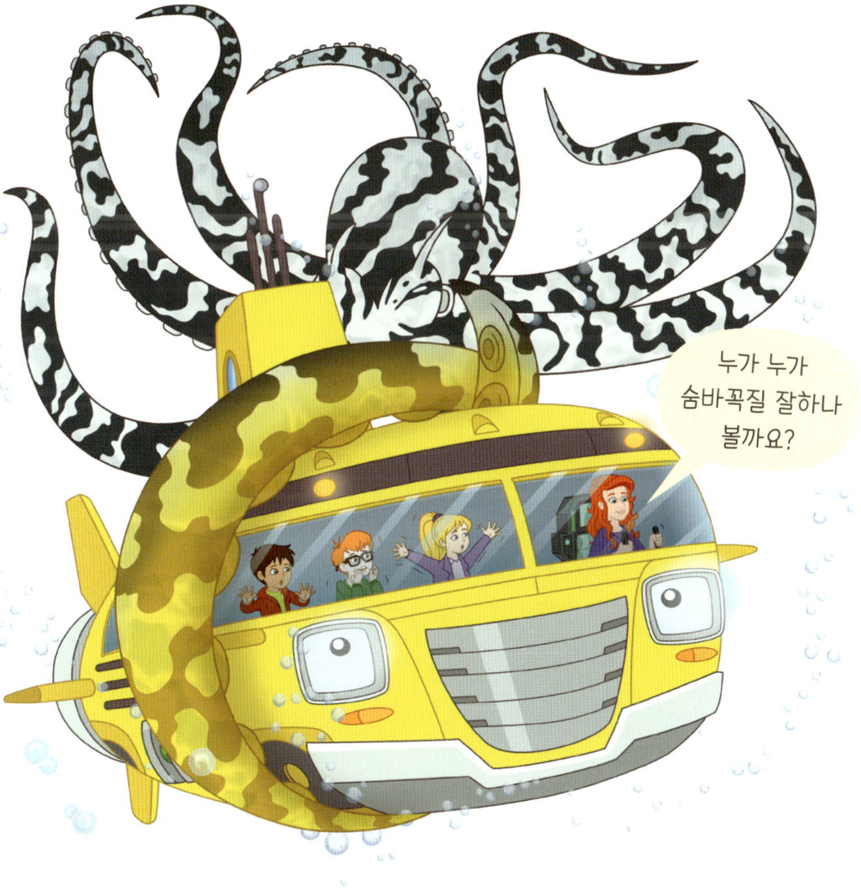

누가 누가
숨바꼭질 잘하나
볼까요?

날 어디에
숨기려는 거야?

*초등 교과 연계
과학 3-2 동물의 생활, 과학 5-2 2. 생물과 환경

프리즐 선생님 수업은 이상하고도 재밌어요.
프리즐 선생님처럼 엉뚱한 선생님은 본 적이 없어요.
우리를 매번 새로운 과학 현장 학습에 데려가거든요.
신기한 스쿨버스를 타고서요!
스쿨버스는 마음대로 모습을 바꾸고, 어디로든 갈 수 있어요.
오늘은 또 어떤 짜릿한 과학 탐험을 하게 될까요?

학교에서 숨바꼭질 대회가 열렸어요. 작년 챔피언인 옆 반의 리사가 술래예요. 우승을 하려면 리사에게 들키지 않고 운동장 깃발까지 가야 하죠!

"올해는 꼭 리사를 이기고 싶어. 들키지 않고 잘 숨을 수 있는 방법을 찾아야 해. 일단 우리 반에서는 팀, 랠프, 조티가 대회에 나갈 거야."

도로시 앤이 말하자, 완다가 물었어요.

"그럼 넌?"

"도로시 앤은 나와 함께 현장 학습을 갈 거예요."
헉! 프리즐 선생님이 갑자기 마법처럼 나타났어요.
"선생님, 어떻게 그렇게 감쪽같이 숨어 계셨어요?"
카를로스가 깜짝 놀라서 물었지요.
"**위장**한 거란다."
프리즐 선생님은 답하면서 몸에서 물감을 닦아 냈어요.
"동물이 자신을 잡아먹으려는 **포식자**로부터 숨는 방법이지."

도로시 앤이 팀, 랠프, 조티를 바라보며 말했어요.

"너희 셋이 숨바꼭질을 하는 동안, 우리는 현장 학습을 가서 동물들이 어떻게 위장하는지 알아볼 거야. 도움이 될 만한 걸 알아내면 영상 통화로 알려 줄게."

"우린 **열대 우림**으로 갈 거예요. 거기에 세상에서 가장 몸을 잘 숨기는 동물들이 살고 있답니다."

프리즐 선생님이 덧붙여 설명해 주었지요.

우리는 프리즐 선생님과 함께 스쿨버스에 올라탔어요.
신기한 스쿨버스는 빙그르르 돌더니, 금세 신기한 스쿨 헬리콥터로 변해서 열대 우림으로 날아갔어요.

프리즐 선생님은 동물들에게 가까이 다가가기 위해서 스쿨버스를 조그마하게 줄였어요.
"저기 봐, 짖는원숭이야!" 완다가 외쳤어요.
그 순간 짖는원숭이가 스쿨버스를 휙 낚아챘어요.
"꺄아악!" 우리는 놀라서 비명을 질렀지요.

"스쿨버스가 노란색이라 우리가 바나나인 줄 아나 봐!"
아널드가 소리쳤어요.
"으악, 껍질을 벗기려고 해!"
완다가 소스라치게 놀라 외쳤어요.
"그럼 바나나처럼 쑥 빠져나가면 되지요!"
프리즐 선생님이 말했어요.

프리즐 선생님은 재빨리 신기한 스쿨버스를 초록색으로 바꾸었어요. 그리고 안전한 곳으로 자리를 옮겼지요. 그러자 짖는원숭이는 스쿨버스를 알아채지 못했어요. 우리가 색이 비슷한 초록색 잎에 앉아 있었으니까요.
"우리 꽤 잘 숨었는데? 야호!"
우리는 손뼉을 치면서 신나게 외쳤어요.
"색깔로 천적의 눈을 피할 수 있다니, 처음 알았어."
완다가 말했지요.

도로시 앤은 학교에 있는 친구들과 영상 통화를 시작했어요.

"동물이 위장하는 방법 중 하나는 주변에 있는 것과 같은 색깔을 띠는 거야."

"숨바꼭질에 색깔을 이용하란 말이지? 흠……. 알았어!"

조티가 대답했어요.

여긴 우리한테 맡겨!

팀은 리즈의 집으로 쏙 들어가 숨었어요. 점퍼를 뒤집어 황토색 안감이 밖으로 보이게 입고서요.

와아, 그러자 모래 색깔과 딱 들어맞았어요!

랠프는 몸에 겨자를 쫙쫙 뿌려서 겨자색이 되었어요.

그러자 종이 상자와 색깔이 비슷해 보였죠.

그런데 조티는 어디에 숨을까요?

리사는 친구들을 찾아 교실을 샅샅이 뒤졌어요.
하지만 팀, 랠프, 조티는 눈에 띄지 않았어요.
그러다 리사는 어릿광대가 그려진 축제 포스터를 보게 됐죠.
"으, 난 어릿광대가 너무 싫어!"
리사는 소리치면서 포스터를 북북 찢었어요.

리사가 떠나자, 팀과 랠프는 숨어 있던 곳에서 나왔어요.

"조티는 어디 있지?"

랠프가 두리번거리는데, 어디선가 조티가 마법처럼 뿅 나타났어요.

"나 여기 있어!"

"와, 어떻게 위장한 거야? 유리창 옆에서도 티가 안 나!"
팀이 감탄하며 묻자, 조티가 대답했어요.
"스마트 옷을 입고 있었거든. 내가 발명했어. 이 옷만 입으면 원하는 어떤 색깔이든 띌 수 있어."

한편 우리는 열대 우림에서 위장을 배울 만한 새 동물을 찾았어요.

"저길 봐, 사슴이야!"

도로시 앤이 말하자, 키샤가 고개를 갸우뚱했어요.

"사슴이 어딨어?"

"저기! 위장하고 있잖아. 등에 있는 하얀 반점이 꼭 나무 사이로 들어오는 햇살처럼 보여."

완다가 설명해 주었어요.

"무늬를 이용해 숨은 거야! 어쩜, 너무 신기하다!"

도로시 앤이 신이 나서 말했죠.

　　도로시 앤은 학교에 있는 친구들에게 영상 통화를 걸어, 동물이 무늬를 이용해 위장한다고 알려 주었어요.
　　"바둑판의 네모 무늬나 줄무늬 같은 걸 말하는 거야?"
　　팀이 묻자, 도로시 앤이 대답했어요.
　　"맞아, 서둘러! 리사가 저쪽 모퉁이를 돌아서 오고 있어!"
　　팀, 랠프, 조티는 리사를 피해 헐레벌떡 도망갔어요.

조티는 얼른 스마트 옷을 작동시켜 벽과 비슷한 무늬를 만들었어요. 그러고 나서 벽에 바짝 붙었지요.

리사는 조티를 못 알아채고 그냥 지나쳤어요.

그사이 팀은 텐트와 비슷한 색 천을 이용해 텐트 옆에 숨었어요.

그런데 하필 바람이 부는 바람에 들통나고 말았죠.

"찾았다!" 리사가 외쳤어요.

랩프는 무늬를 활용해 운동장에 숨었어요.

판다 그림이 그려진 놀이 기구와 하나가 된 듯 보였죠.

덕분에 리사도 알아차리지 못했어요.

"진짜 잘했어!"

우리는 그 장면을 영상으로 보며 환호했지요.

우리는 열대 우림에서 위장을 하는 동물들을 더 찾아다 녔어요.

그때 무언가가 아널드의 몸에 툭 떨어졌어요.

"악! 이거 나뭇가지야, 벌레야?" 아널드가 놀라 물었어요.

"대벌레네." 카를로스가 대답했죠.

도로시 앤은 대벌레의 새로운 **위장술**에 기뻐하며 말했어요.

"나뭇가지와 색깔, 무늬, 모양이 똑같잖아?"

"모양이라······. 재밌겠는데?"

"이번에도 스마트 옷을 쓸 거야?"

도로시 앤은 신기한 스쿨버스로 돌아와 친구들에게 영상 통화를 걸었어요.

대벌레가 나뭇가지와 비슷한 모양이라 천적의 눈을 피할 수 있다는 사실을 알려 주었죠.

"얘들아, 모양을 이용한 동물의 위장술을 따라 해도 좋겠어!"

설명을 들은 조티가 말했어요.

"좋아, 바로 써먹어 보자."

조티는 곧바로 스마트 옷을 작동시켰어요.

스마트 옷의 성능은 엄청났어요. 조티가 운동장에 있는 공과 색깔, 무늬, 모양이 똑같아졌거든요.

하지만 스마트 옷에서 삐 하고 소리가 나고 말았어요.

"찾았다!" 리사가 기세등등하게 외쳤어요.

이제 한 명만 더 찾으면 돼.

휴, 안 들킬 수 있었는데 아쉽다.

랠프는 운동장 진흙탕에 뒹굴었어요.
그리고 통나무처럼 보이도록 자세를 잡았지요.
이제 랠프는 색깔, 무늬, 모양이 통나무와 똑같아졌어요.
숨바꼭질 챔피언인 리사도 그냥 지나쳐 갔죠.
두근두근! 랠프는 계속 들키지 않을 수 있을까요?

모든 걸 지켜본 도로시 앤은 랠프가 들키지 않자 휴 한숨을 쉬고는 다시 우리를 보며 말했어요.

"아직 좀 부족해. 동물의 위장술을 더 연구해야겠어."

"바다로 가는 게 어때요? 바다에 사는 **해양 생물** 중에도 위장을 잘하는 동물들이 많답니다."

프리즐 선생님이 찡긋 윙크하며 말했어요.

그리고 신기한 스쿨버스를 신기한 스쿨 잠수함으로 변신시켰죠. 푸르르!

"잠수함을 위장하는 게 어때? 포식자를 만날 수도 있잖아."

완다가 묻자, 도로시 앤이 소리쳤어요.

"시간이 없어. 리사가 곧 랠프를 찾을지도 몰라!"

도로시 앤의 말대로 리사는 계속 랠프를 찾아다니고 있었어요. 랠프만 찾으면 올해도 리사가 숨바꼭질 챔피언이 되는 거였죠.
하지만 랠프는 보이지 않고 어릿광대 포스터만 보였어요.
"으으, 징그러워!"

한편 배고픈 꼬치고기가 스멀스멀 다가와 바닷속 스쿨 잠수함을 덥석 물었어요!
"위장을 건너뛰는 건 별로 좋은 생각이 아니었어."
완다가 도로시 앤을 보면서 말했어요.

꼬치고기의 날카로운 이빨이 스쿨 잠수함의 벽을 뚫고 들어왔어요. 아뿔싸! 잠수함에서 물이 새기 시작했지요.
"으악, 우리는 이제 끝장난 거라고!"
아널드가 소리쳤어요.

"프리즐 선생님, 우리 스쿨버스는 무지 튼튼하다면서요!"

그 순간 멀리서 쏠배감펭이 보였어요.

쏠배감펭이 스르르 다가오자 꼬치고기가 움찔했지요!

"쏠배감펭은 무시무시한 독 가시가 있는 바다의 포식자라고 책에서 본 적이 있어."

도로시 앤이 말했어요.

꼬치고기는 몹시 겁을 먹었는지, 신기한 스쿨 잠수함을 뱉어 내고는 재빨리 달아났어요.

우리는 쏠배감펭 쪽으로 가까이 다가가서 살펴보았어요.

"어? 쏠배감펭이 아닌데?" 카를로스가 말했어요.
"문어가 쏠배감펭인 척한 거네." 완다가 맞장구쳤지요.
"아하, 저건 흉내문어예요. 무시무시한 존재처럼 보이도록 위장을 하죠." 프리즐 선생님이 설명했어요.
"랠프한테 알려 주자!" 도로시 앤이 외쳤어요.

랠프는 리사가 가까이 오지 못하게 하는 법을 알았어요. 어릿광대처럼 위장해 리사를 깜짝 놀라게 하는 거였죠. 랠프는 수풀에 숨었다가 리사가 오자 펄쩍 뛰쳐나왔어요.

"으악, 어릿광대다!"

리사가 울면서 달아났어요. 어릿광대가 랠프인 줄도 모르고요!

야호! 랠프가 운동장 깃발에 도착했어요. 우리가 이겼어요!

다시 모인 우리는 랠프가 이긴 것을 축하했어요.
"고마워, 도로시 앤! 네가 알려 준 위장술과 내 뛰어난 연기력의 결과야."
"킥킥, 정말 그러네. 근데 우승 트로피는 어디 있어?"
도로시 앤이 묻자, 랠프가 대답했어요.
"운동장에 있어. 하지만 찾기 어려울걸."
리사가 깔깔거리며 말했어요.
"위장해 놓았거든!"

헉, 저건 물고기야,
괴물이야?
일단 숨어야지!

신기한 스쿨버스

으스스 심해 속 로켓을 찾아라!

서맨사 브룩 글 · 아트풀 두들러스 그림 | 이한음 옮김

안녕! 우린 과학 탐험대야. 넌 누구니?

*초등 교과 연계
과학 3-2 동물의 생활, 과학 5-1 5. 다양한 생물과 우리 생활

프리즐 선생님 수업은 언제나 특별해요.

다른 선생님들처럼 평범한 수업을 하지 않거든요.

우리는 무엇으로든 휙휙 변신할 수 있는 신기한 스쿨버스를 타고 현장 학습을 가요.

그곳에선 늘 우리가 생각하지도 못한 엉뚱한 일들이 일어나죠!

오늘은 바다로 현장 학습을 왔어요.
"도로시 앤, 뭘 잡으려는 거야?" 카를로스가 물었어요.
"푸하하, 낚시하는 거 아니야. 조티의 스마트 로켓을 써서 데이터를 모으는 중이야. 이걸로 물의 온도와 깊이인 수온과 수심뿐만 아니라 각종 정보를 기록할 수 있거든."

"조티가 빌려줬다고? 정말이야? 스마트 로켓은 걔가 절대 안 빌려주는 건데?"

카를로스가 놀란 표정을 짓자, 도로시 앤이 말했어요.

"낚싯줄에 로켓을 묶어서 담가 놓았어. 어디 볼까?"

도로시 앤이 낚싯줄을 감아 올렸어요.

어? 그런데 이게 무슨 일이죠?

스마트 로켓이 사라졌어요!

"맙소사, 안 돼!"

프리즐 선생님과 우리는 모래사장에 있었어요.

"오늘 현장 학습은 **밀물**과 **썰물**이 오가는 **조간대**와 조간대에 사는 생물들을 조사하는 건가 봐."

팀이 말하자, 조티가 덧붙였어요.

"바다의 어느 곳에, 어떤 생물이 사는지 알아보는 거지."

랠프, 어디 가?

스쿨버스에 둔 쿠키 가져오려고!

그때 도로시 앤이 허겁지겁 달려오면서 외쳤어요.

"조티! 정말 미안해, 로켓을 잃어버렸어."

"괜찮아. 성능이 아주 뛰어난 스마트 기기라서 찾을 수 있어. 추적 장치가 들어 있거든. 찾으러 가자!"

조티가 도로시 앤을 안심시켰어요.

"현장 학습은 어쩌고?"

아널드가 묻자, 프리즐 선생님이 대답했어요.

"가면서 배우면 되지요. 여러분, 버스에 타요!"

휘리릭! 신기한 스쿨버스는 눈 깜짝할 새에 신기한 스쿨 잠수함으로 변해 바닷속으로 풍덩 들어갔어요.
"조간대에서 잠수할 준비 됐나요?"
프리즐 선생님이 장난기 가득한 표정으로 물었지요.
우리는 잠수복을 입고 스쿨 잠수함 밖으로 나갔어요.
"물고기만 있는 게 아니라 다른 생물도 엄청 많아!"
랠프가 소라게, 산호, 바닷말을 보고 들떠서 말했어요.

바다에 물고기만 사는 게 아니었네?

도로시 앤은 두리번두리번 스마트 로켓을 찾다가, 바닷물의 흐름인 **조류**에 휩쓸려서 더 깊은 바다로 들어갔어요.

그때 조티가 도로시 앤의 팔을 꽉 잡았어요.

"조간대는 바닷물이 밀려 들어오는 밀물 때는 바다, 다시 빠져나가는 썰물 때는 육지가 되는 곳이야. 조류가 오락가락하니 조심해야 해!"

"그렇지만 로켓을 찾으려면 더 깊숙이 들어가야 되는걸!"

도로시 앤이 말했지요.

 "바닷속 수심 약 200미터인 이곳은 표해수층이에요. 얕은 바다라 빛이 잘 들어오죠."
 프리즐 선생님이 설명했어요.
 "햇빛이 잘 드니까 물고기들이 대부분 여기에 살지 않을까?" 완다가 말했어요.
 "그래, 정답이야! 먹이가 풍부해서 많은 해양 생물이 살고 있단다."
 프리즐 선생님이 완다를 칭찬해 주었지요.

그때 도로시 앤이 소리쳤어요.

"로켓 추적 신호를 잡았어! 저 아래야."

하지만 프리즐 선생님은 우리가 더 깊이 내려가지 못하게 했어요.

그리고 신기한 스쿨 잠수함으로 돌아와 설명해 주었죠.

"물은 아주 무거워요. 깊이 들어갈수록 여러분을 더 무겁게 누르죠. 저 아래로 가면, 마치 아기 코끼리가 여러분 위에 앉아 있는 것처럼 느껴질 거예요."

"하지만 여기서 그만둘 수는 없어요. 보세요! 로켓이 동영상을 보내고 있잖아요." 조티가 외쳤어요.

"와! 저 아래는 진짜 컴컴하네." 카를로스가 말했지요.

"깊은 바다로 내려갈수록 빛이 잘 들어오지 않아서 어둡고 추울 거야." 팀이 부르르 떨며 말했어요.

그러자 프리즐 선생님이 말했어요.

"대신에 저 어둠 속에는 아주 놀라운 것들이 가득하답니다."

저 깊은 바닷속에는 무엇이 있을까요?

"어쩐지 오늘은 집에만 있고 싶더라니!"

"아널드 때문에 더 심란해. 휴."

"난 놀라는 거 싫어. 징그러운 것도 싫고! 으악!"
아널드가 외쳤어요.
로켓의 동영상에 갑자기 바다 괴물이 비쳤거든요.
"괴물이 지키고 있으면 로켓을 가져올 수 없잖아!"
조티가 울먹였어요.
"괴물이 아니에요. 마귀상어예요."
프리즐 선생님이 우리를 안심시켰어요.
"그러니까 마귀라는 거죠?"
아널드가 묻자 카를로스가 나무랐어요.
"상어라는 얘기지. 정신 차려, 아널드!"

"이대로 포기할 순 없어요."

도로시 앤이 태블릿으로 검색을 하면서 말했어요.

"그런데 깊은 바다에 대한 정보가 너무 부족해요. 인간이 탐사한 바다는 약 5퍼센트 정도래요. 나머지 95퍼센트는 가 보지도 못한 거예요."

"제 로켓을 두고 갈 수는 없어요." 조티가 소리쳤어요.

그러자 도로시 앤이 힘을 보탰어요.

"마귀상어 몰래 가져올 방법이 있을 거야. 우린 할 수 있어!"

"우리는 표해수층을 지나 중해수층으로 가고 있어요. 수심 약 1000미터까지죠. 흐릿한 빛만이 들어와요."
프리즐 선생님이 설명했어요.
"이건 꿈이야. 그것도 완전 악몽이라고!"
아널드가 소리쳤어요.
"내가 보기에는 예쁜데? 저 반짝이는 빛 좀 봐."
완다가 황홀한 표정으로 말했어요.

어, 저게 뭐지?

꼭 바닷속에서 별이 반짝이는 것 같아!

"와, 빛의 정체가 물고기였어! 저 물고기들은 스스로 빛을 낼 수 있어요?"

카를로스가 묻자, 프리즐 선생님이 고개를 끄덕였어요.

"생물이 빛을 내는 현상을 **생물 발광**이라고 해요."

"저러면 잡아먹히기 쉽지 않을까요?" 키샤가 물었지요.

바로 그때 물고기들이 눈앞에서 사라졌어요!

"와! 위에서 내리쬐는 빛과 물고기가 내는 빛이 섞이니 구분이 안 돼. 멋진 **위장**이야." 카를로스가 말했어요.

더 내려가자 물고기들이 보였어요.
가까이 가 보니, 빨간 물고기들이 드러났지요.

"저렇게 새빨간데 어떻게 지금까지 못 본 거지?"
조티가 물었어요.
"물은 빛 중에서 빨간색을 가장 빨리 흡수해. 수심 약 5미터만 지나도 빨간색은 잘 안 보여."
팀이 으쓱해서 대답했지요.
프리즐 선생님은 신기한 스쿨 잠수함의 색깔을 빨간색으로 바꾼 뒤, 마귀상어 옆을 살금살금 지나갔어요.

우리가 스마트 로켓에 거의 다다랐을 때였어요.
웬 오징어가 나타나서 로켓을 휙 잡아채 가지 뭐예요!
"오징어를 따라가요!" 도로시 앤이 소리쳤어요.
오징어가 더 깊은 바다로 내려가자, 우리도 따라서 점점 더 깊이 들어갔어요.
"좋은 소식이에요! 오징어가 로켓을 떨어뜨렸어요."
갑자기 프리즐 선생님이 외쳤어요.

"이렇게 깊이 내려왔는데 로켓을 못 찾으면 어떡하죠?"

"후유, 나쁜 소식도 있어요. 우리가 **점심해수층**으로 떨어졌다는 거예요."

도로시 앤이 한숨을 푹 내쉬었어요.

"수심 약 4000미터까지가 점심해수층이야. 우린 지금 약 1500미터까지 내려왔어. **수압**이 어른 코끼리 몸무게만 해."

조티가 말했어요.

"어두워서 아무것도 안 보여!"

완다도 한마디 했지요.

"여긴 수심이 깊어서 햇빛이 들어올 수 없는 곳이에요."

프리즐 선생님이 말했어요.

"여기에서 누가 살 수 있겠어? 아무것도 없을 거야."
카를로스가 장담했어요.

"그러면 로켓을 가져오는 걸 방해할 동물도 전혀 없겠지?" 도로시 앤은 마음을 놓으며 말했어요.

"저기 저 빛 좀 봐! 로켓일 거야."
키샤가 무언가를 가리켰어요.

어? 그런데 빛이 아주 많아요. 어느 것이 로켓일까요?

"흠, 조사해 봐야겠는데……." 도로시 앤이 말했어요.

우르릉! 스쿨 잠수함에서 작은 잠수정들이 생겨났어요.

우리는 신기한 스쿨 잠수정을 나눠 타고 더 깊이 내려갔어요.

"와! 이 으스스한 물고기들이 스스로 빛을 내네!"

팀이 놀라서 말했지요.

우리가 가까이 다가가도 물고기들은 움직이지 않았어요.

"왜 우리를 뒤쫓지 않는 거지?" 아널드가 물었어요.

"움직일 기운이 없는 걸까?" 조티가 고개를 갸웃했지요.

"여기서 살아남으려면 힘을 아껴야 해요. 그래서 먹이를 뒤쫓는 대신 빛을 내어 꾀어 들이는 거예요."
프리즐 선생님이 설명했어요.
"가까이 다가가면, 커다란 입으로 덥석 물겠지."
카를로스가 말했지요.
그때 멀리서 로켓이 보였어요.
그런데 도대체 로켓을 어떻게 집어야 할까요?

우리는 좀 전에 본 으스스한 물고기들을 떠올렸어요.
"스쿨버스, 아니 스쿨 잠수함아, 커다란 입이 필요해!"
도로시 앤이 소리쳤어요.
그러자 신기한 스쿨 잠수함이 커다랗게 입을 쩍 벌리더니 로켓을 꿀꺽 삼켜 버렸어요.
우리가 탄 스쿨 잠수정까지도요!
"어쩐지 먹이가 된 기분이야."
팀이 농담을 했어요.

"드디어 스마트 로켓을 찾았다! 만세!"

우리는 환호성을 질렀어요.

모두가 학교로 돌아갈 준비를 할 때, 도로시 앤의 머릿속에는 다른 생각이 떠올랐어요.

"이렇게 돌아갈 수는 없어! 더 깊이 내려가야 해. 저 아래에 우리를 기다리는 새로운 세계가 있잖아!"

도로시 앤이 우리를 바라보며 말했어요.

"완다, 랠프. 또 어떤 생물을 만날지 궁금하지 않아?"

"키샤, 카를로스. 너희는 모험을 앞두고 결코 물러서지 않잖아. 팀, 조티! 저 아래에서 놀라운 아이디어를 얻을 수도 있어. 그리고 아널드……"

도로시 앤이 아널드를 보자, 아널드는 재빨리 대꾸했어요.

"난 싫어. 난 그냥 조용히 편안하게 있는 게 좋아."

"깊은 바다보다 더 조용한 곳이 어딨어!"

도로시 앤이 끈질기게 설득했어요.

"좋아! 가자!" 우리는 도로시 앤을 따르기로 했어요.

우리가 깊은 바닷속인 심해를 탐험한 최초의 어린이가 될 수 있잖아!

신기한 스쿨 잠수함이 더 깊이 내려가자, 압력이 높아지면서 무언가가 찢어지는 소리가 들렸어요.

"어떡해, 물이 새고 있어!"

아널드가 다급하게 소리쳤어요.

"프리즐 선생님, 얼른 고침 버튼을 눌러 주세요!"

랠프가 외치자 프리즐 선생님이 대답했어요.

"여기까지 오느라 버스 연료가 바닥났어요. 지금은 고침 버튼을 쓸 수가 없답니다."

연료가 떨어지자 스쿨 잠수함은 계속 가라앉았어요.

우리는 더덕더덕 수리용 테이프를 붙여 가까스로 물이 새는 곳을 막았지요.

"여러분, 지금 우리는 **심해수층**까지 내려왔어요."
프리즐 선생님이 말했어요.

"수심 약 4000미터 이상 내려왔다는 뜻이야. 마치 우리 위에 코끼리 25마리가 올라탄 것과 같은 압력을 받고 있어!"

도로시 앤이 알려 주었죠.

"이제 **초심해층**이에요. 수심 약 1만 1000미터이고 수압은 코끼리 5천 마리가 올라타 누르는 것과 비슷해요."
 프리즐 선생님이 태연하게 말했어요. 선생님은 무섭지 않은 걸까요?
 "연료도 떨어졌는데 우리가 살 수 있을까요?"
 조티가 걱정 가득한 표정으로 물었어요.
 "여기서 살아가는 생물이 있다면, 우리도 살 수 있죠."
 프리즐 선생님이 대답했어요.
 "하지만 아무것도 안 보이는걸요." 랠프가 말했지요.

그러자 프리즐 선생님은 창밖으로 기다란 관처럼 보이는 것을 가리켰어요.

"관벌레예요. 몸에 있는 미생물이 깊은 바닷속 화학 물질을 먹이로 바꿔 주는 덕분에, 먹이가 부족한 이곳에서도 살 수 있죠."

"그럼 우리도 관벌레를 따라 하면 되겠네요!"

도로시 앤이 소리쳤어요.

몸통 가장 위쪽 깃털 모양이 관벌레의 아가미예요.

 우당탕! 신기한 스쿨 잠수함이 순식간에 스쿨 관벌레가 됐어요. 우리가 탈 스쿨 잠수정도 다시 나타났지요.

 우리는 스쿨 잠수정을 타고서, 화학 물질이 뿜어져 나오는 곳으로 힘차게 스쿨 관벌레를 밀었어요. 영차영차!

 스쿨 관벌레는 깊은 바닷속 화학 물질을 먹이로 바꾸기 시작했어요.

 "버스에 연료가 꽉 찼어요. 자, 여러분, 돌아갈 시간이에요!" 프리즐 선생님이 외쳤어요.

스쿨 관벌레는 순식간에 미끌미끌 스쿨 해파리로 변신해서 수면으로 올라가기 시작했어요.

"심해수층…… 점심해수층…… 중해수층…… 드디어 표해수층까지 왔어. 햇빛이 들어오고 있어!"

버스가 수면 위로 떠오르는 순간 도로시 앤이 외쳤어요.

"와, 우리가 해냈어!" 우리는 크게 환호성을 올렸어요. 우리가 심해까지 다녀왔다는 걸 아무도 모르겠죠?

순간 포착! 신기한 현장 학습

현장 학습의 하이라이트를 다시 보며 핵심 지식을 정리해 보아요.
자, 아래의 장면을 떠올려 볼까요?

1

동물은 스스로를 지키기 위해 **위장**을 해요.

Q. 동물들은 어떻게 위장을 할 수 있나요?

동물들은 먹고 먹히는 자연에서 살아남기 위해 오랜 시간에 걸쳐 서서히 변해 왔어요. 이렇게 생물이 점차 변화하는 것을 '진화'라고 해요. 위장은 살아남기 위해 진화한 덕분에 생긴 동물들의 생존 전략이랍니다.

> 카멜레온과 갑오징어도 주위 환경과 비슷하게 휙휙 몸 색깔을 바꾸는 것으로 유명해. 개굴!

2

어떤 동물은 주변 색깔과 같은 **색깔**을 띠어 몸을 감추어요.

> 호랑이, 표범 등 고양이과 동물들의 몸에 난 줄무늬도 위장에 도움이 돼.

3

어떤 동물은 천적의 눈을 속이기 위해 **무늬**가 발달하기도 하지요.

4

주변 환경과 비슷한 **모양**을 해서 몸을 감추는 동물도 있어요.

5

위협적인 존재로 위장해 천적을 쫓아내기도 하고요.

6

동물의 위장술을 따라 하면, 누구나 숨바꼭질 대마왕이 될 수 있답니다!

Q. 특이한 방법으로 몸을 보호하는 동물이 있다고요?

주머니쥐는 천적을 만나면 입을 벌리고 픽 쓰러져 죽은 척을 해요. 스컹크는 지독한 냄새가 나는 액체를 뿜어 천적을 물리치지요. 뿔도마뱀은 천적을 내쫓으려고 눈 근처에 있는 핏줄을 터뜨려 피를 내뿜는다고 해요.

프리즐 선생님의 연구 노트

★ 깊고 깊은 바닷속 놀라운 비밀!

바다도 층이 나뉜다고?

바다는 깊이에 따라 구간이 나뉘어요. 1층, 2층, 3층…… 마치 아파트 층수처럼 말이에요. 수심 약 0~200미터를 표해수층이라고 해요. 빛이 충분히 들어와 '유광층'이라고도 부르지요. 조간대도 이 층에 속해 있지요. 수심 약 200~1000미터를 중해수층이라고 해요. 빛이 희미하게 들어와 '약광층'이라고도 불러요. 그보다 깊은 수심 약 1000~4000미터는 점심해수층으로, 빛이 전혀 들어오지 않아 '무광층'이라고도 해요. 수심 약 4000미터 이상은 심해수층이에요. 그보다 더 깊은 곳은 흔히 초심해층이라고 부른답니다.

어두컴컴한 바다에는 무엇이 살고 있을까?

중해수층에는 흐릿한 빛에 적응한 생물들이 살아요. 몸통이 투명한 유리문어, 투명한 머리에 초록색 눈이 달린 볼록눈물고기 등이 살고 있지요. 깜깜한 점심해수층에 사는 생물로는 초롱아귀와 풍선장어가 유명해요. 암컷 초롱아귀는 머리에 달린 촉수에서, 풍선장어는 꼬리에서 빛을 내 먹잇감을 유인하죠. 보기 힘든 마귀상어도 주로 이곳에 살아요. 이들은 무시무시한 이빨을 가지고 있어요. 먹을 것이 드물어 한번 잡은 먹이를 놓치지 않기 위해서죠! 더 깊은 심해수층은 사람이 잘 탐사하지 못해 어떤 동물이 사는지도 거의 밝혀지지 않았어요.

스쿨버스야, 다음번엔 스쿨 소라게로 변신해 줘!

표해수층처럼 빛이 잘 드는 얕은 바다에는 '식물 플랑크톤'이라고 하는 생물이 있어요. 식물 플랑크톤은 빛을 이용해 스스로 양분을 만들고, 다른 생물들의 먹이가 되어 줘요.

마귀상어의 모형이에요. 마귀상어는 잘 보이지 않는 어두운 바다에서 기다란 주둥이로 먹잇감을 느껴요. 그리고 잽싸게 턱을 내밀어 사냥을 하지요.

초롱아귀의 표본이에요. 초롱아귀는 암컷이 수컷보다 훨씬 몸집이 커요. 암컷은 약 60센티미터까지 자라는데, 수컷은 겨우 약 4센티미터밖에 안 돼요.

(사진 출처: 위키피디아)

스페셜 과학 톡톡

 인터넷에서 봤는데 동물의 위장술이 과학 기술에도 이용되고 있대. 동물이 몸 색깔을 바꾸는 방법을 연구해서 인공 피부를 만들기도 했다던데?

 하하, 너 또 괴상한 발명품 만들려고 그러는 거지?

 와, 카를로스도 발명가구나! 스스로 빛을 내는 심해 물고기들을 다시 한번 보러 가서 아이디어를 얻어도 좋겠어!

또 그 컴컴한 바다에 가자고? 난 집에 있을게.

 세계에서 가장 깊은 바다는 태평양 마리아나 해구야. 가장 깊은 곳이 무려 수심 1만 1034미터나 된대. 이번엔 거기로 갈래?

 좋은 생각이야! 내가 샌드위치랑 우유 준비해 갈게. 2시에 학교 정문에서 보자!

 간식도 준다고? 그럼 나도 갈래!

 아널드! 스마트 로켓 빌려줄게, 오는 거다? 다들 이따가 봐!

난 스마트 로켓 쓸 줄도 몰라!

도전! 과학 퀴즈

아래의 초성과 설명을 보고 문제의 정답을 써 보세요.

다른 동물을 먹이로 하는 동물을 ㅍㅅㅈ라고 불러요.
동물들이 서로 잡아먹고 잡아먹히는 일은 자연의 섭리지요.

정답: _____

밀물과 썰물 때문에 일어나는
바닷물의 흐름을 ㅈㄹ라고 해요.

정답: _____

글쓴이 서맨사 브룩
미국 뉴욕 브루클린에 살고 있는 동화 작가입니다. 「과학탐험대 신기한 스쿨버스」 시리즈 등
어린이를 위한 책을 쓰고 있습니다.

그린이 아트풀 두들러스
어린이 출판 전문 일러스트레이션 및 디자인 스튜디오입니다. 여러 아티스트가 모여
「과학탐험대 신기한 스쿨버스」, 「디즈니 오리지널 그래픽 노블」 시리즈 등
전 세계 어린이를 위한 그림을 그리고 있습니다.

옮긴이 이한음
서울대학교에서 생물학을 공부했고, 현재 과학책을 쓰고 번역하고 있습니다.
지은 책으로는 『바스커빌 가의 개와 추리 좀 하는 친구들』, 『생명의 마법사 유전자』 등이 있고,
옮긴 책으로는 「자연 다큐 백과」 시리즈, 『경이로운 동물들』, 『빠르게 보는 우주의 역사』 등이 있습니다.

⓭ 꼭꼭 숨어라! 위장 동물 찾기

1판 1쇄 찍음—2022년 12월 16일, 1판 1쇄 펴냄—2023년 1월 5일
글쓴이 서맨사 브룩 그린이 아트풀 두들러스 옮긴이 이한음 펴낸이 박상희 편집장 전지선 편집 송재형 디자인 전유진
펴낸곳 (주)비룡소 출판등록 1994. 3. 17.(제16-849호) 주소 06027 서울시 강남구 도산대로1길 62 강남출판문화센터 4층
전화 영업 02)515-2000 팩스 02)515-2007 홈페이지 www.bir.co.kr
제품명 어린이용 각양장 도서 제조자명 (주)비룡소 제조국명 대한민국 사용연령 3세 이상

THE MAGIC SCHOOL BUS RIDES AGAIN level 2 : HIDE-AND-SEEK
Written by Samantha Brooke, illustrated by Artful Doodlers Ltd.
Copyright © 2018 Scholastic Inc. Based on the television series THE MAGIC SCHOOL BUS: RIDES AGAIN © 2017 MSB Productions,
Inc. Based on The Magic School Bus® book series © Joanna Cole and Bruce Degen

THE MAGIC SCHOOL BUS RIDES AGAIN level 2 : DEEP-SEA DIVE
Written by Samantha Brooke, illustrated by Artful Doodlers Ltd.
Copyright © 2018 Scholastic Inc. Based on the television series THE MAGIC SCHOOL BUS: RIDES AGAIN © 2017 MSB Productions,
Inc. Based on The Magic School Bus® book series © Joanna Cole and Bruce Degen

All rights reserved.

Korean Translation Copyright © 2023 by BIR Publishing Co., Ltd.
This Korean translation edition is published by arrangement with Scholastic Inc., 557 Broadway, New York, NY 10012,
USA through KCC(Korea Copyright Center Inc.), Seoul.

이 책의 한국어판 저작권은 (주)한국저작권센터(KCC)를 통해 저작권사와 독점 계약한 (주)비룡소에 있습니다.
저작권법에 의해 한국 내에서 보호를 받는 저작물이므로 무단 전재와 무단 복제를 금합니다.
ISBN 978-89-491-5266-0 74840 / ISBN 978-89-491-5250-9(세트)